curiosos por...

LOS DUENDES

POR GINA KAMMER

AMICUS LEARNING

¿Qué te causa

CAPÍTULO UNO

1
Leyendas de duendes
PÁGINA
4

CAPÍTULO DOS

2
La vida de los duendes
PÁGINA
10

curiosidad?

CAPÍTULO TRES

3

Encontrar duendes
PÁGINA
16

¡Mantén tu curiosidad! 22
Glosario 24
Índice 24

Curiosidad por es una publicación de
Amicus Learning, un sello de Amicus
P.O. Box 227,
Mankato, MN 56002
www.amicuspublishing.us

Copyright © 2025 Amicus.
Todos los derechos reservados. Prohibida la reproducción,
almacenamiento en base de datos o transmisión por
cualquier método o formato electrónico, mecánico
o fotostático, de grabación o de cualquier otro tipo
sin el permiso por escrito de la editorial.

Editora: Ana Brauer
Diseñadora de la serie: Kathleen Petelinsek
Diseñadora del libro e investigadora fotográfica: Kim Pfeffer

Library of Congress Cataloging-in-Publication Data
Names: Kammer, Gina, author.
Title: Curiosidad por los duendes / Gina Kammer.
Other titles: Curious about goblins. Spanish
Description: Mankato, MN : Amicus Learning, 2025. | Series:
Curiosidad por las criaturas míticas | Includes index. | Audience:
Ages 6–9 | Audience: Grades 2–3 | Summary: "Are goblins
friendly? Learn about the mythology surrounding goblins in this
Spanish question-and-answer book for elementary readers.
Translated into North American Spanish. Includes infographics,
table of contents, glossary, and index"— Provided by publisher.
Identifiers: LCCN 2024025012 (print) | LCCN 2024025013
(ebook) | ISBN 9798892003278 (library binding) | ISBN
9798892003339 (paperback) | ISBN 9798892003391 (ebook)
Subjects: LCSH: Goblins—Juvenile literature.
Classification: LCC GR549 .K36318 2025 (print) | LCC GR549
(ebook) | DDC 398.21—dc23/eng/20240620
LC record available at https://lccn.loc.gov/2024025012
LC ebook record available at https://lccn.loc.gov/2024025013

Fotos © Adobe Stock/Ash, 21 (centro), Eduardo, 21 (abajo),
Hanna Haradzetska, 12–13, 16–17; LayerAce.com, 5, 15
(arriba), Ravi, 11; Alamy Stock Photo/RGR Collection, 21
(arriba), SOPA Images, 21 (segunda desde arriba); Flickr/Andrea
Alemanno, 15 (derecha); Freeplk/EyeEm, 20, gndesign, 6,
sergeyparser, portada; Pixabay/pendleburyannette, 21 (segunda
desde abajo); Public Domain/unknown, 9; Wikimedia Commons/
John Dickson Batten, 15 (izquierda), Public Domain, 18–19,
Winifred Knights, 4

Impreso en China

CAPÍTULO 1 UNO

¿Qué son los duendes?

En un poema, unos duendes engañan a una joven para que coma una fruta que la pone enferma. La hermana de la joven la salva.

Los duendes son **malvados** o criaturas tramposas. Algunos pueden ser espíritus o **demonios**. En los cuentos antiguos, pueden ser monstruos aterradores. En otros, son simplemente **trasgos** que causan problemas. Normalmente, los duendes son un tipo de hada. Pero no parecen hadas.

Mucha gente se imagina a los duendes como seres verdes con orejas puntiagudas.

LEYENDAS DE DUENDES

¿Son reales los duendes?

En los cuentos, a algunos duendes les gusta meterse en problemas, mientras que otros se esconden de los humanos.

¿Quién sabe? ¿Alguna vez se te ha perdido algo? ¿Se te ha derramado la leche de repente? ¡Tal vez fue un duende! No dejan que la gente los vea. Los duendes aparecen en muchos cuentos. Pero no hay ninguna **prueba** de que sean reales.

HISTORIAS DE DUENDES DE TODO EL MUNDO

Gorras rojas y trasgos
Angloescocés

Kobold
Alemán

Pukwudgie
Wampanoag, MA

Aluxes
Maya

Tokoloshe
Sudáfrica

Muchas culturas tienen historias de duendes. Tienen poderes similares. Pero todos tienen nombres diferentes.

LEYENDAS DE DUENDES

¿Qué aspecto tienen los duendes?

¡Los duendes son parecidos a los humanos, pero más feos! Sus dientes amarillos y afilados y sus orejas puntiagudas les dan miedo. Su piel es verde, morena o gris. Algunos tienen el cuerpo ancho y robusto. Otros son delgados. Muchos llevan ropas grises con gorras rojas.

En un cuento, los humanos iban a la guerra contra los duendes que robaban niños.

LEYENDAS DE DUENDES

COMPARACIÓN DE TAMAÑOS
¿Qué tamaño tienen los duendes?

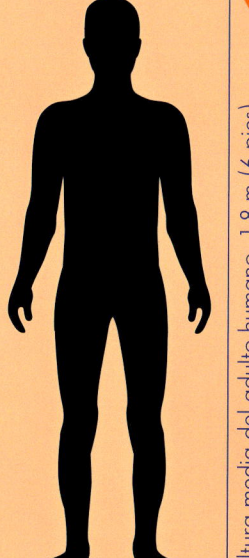
Altura media del adulto humano: 1,8 m (6 pies)

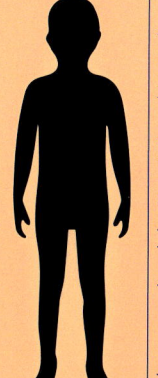
Altura media del niño: 1,2 m (4 pies)

Altura media del duende: 1-1,2 m (3-4 pies)

CAPÍTULO DOS

¿Qué poderes mágicos tienen los duendes?

¡Son **astutos**! Los duendes pueden volverse invisibles para que la gente no los vea. Luego pueden hacer trucos. Algunos cambian de forma. Los duendes domésticos pueden proteger la casa y a la familia que vive en ella. Otros duendes provocan pesadillas. Los duendes llamados gorras rojas pueden luchar con armas llamadas picas.

En los cuentos y en el arte, los duendes suelen aparecer como criaturas codiciosas.

LA VIDA DE LOS DUENDES

11

Según los mitos, los duendes comen de todo, desde hongos hasta crema o ratas.

LA VIDA DE LOS DUENDES

¿Qué les gusta hacer a los duendes?

LA VIDA DE LOS DUENDES

A algunos les gusta la poesía. A otros les encanta comer crema. Algunos duendes eligen una casa para quedarse. Si la familia es agradable, puede ayudar con las tareas cuando nadie está mirando. Si la familia hace enfadar al duende, causa problemas. Los duendes golpean las paredes o las cacerolas. La comida se quema. La ropa desaparece.

¿Son amistosos los duendes?

¡Depende del duende! Algunos roban niños y hacen daño a la gente. Pero otros no suelen dar tanto miedo. Aun así, sería prudente no hacer enfadar a un duende. Les gusta vengarse con malas pasadas. Mantén contento a un duende dejándole comida.

Los trasgos son conocidos por ser útiles en casa.

LA VIDA DE LOS DUENDES

TIPOS DE DUENDES

TRASGO:
más pequeño, amigable, duende doméstico

DUENDE:
más grande, más malo, vive bajo tierra

15

CAPÍTULO TRES 3

ENCONTRAR DUENDES

¿Dónde viven los duendes?

Los duendes son rápidos y escurridizos. Pueden ser difíciles de encontrar.

Según la leyenda, los duendes viven bajo la tierra. Tienen sus hogares en cuevas con túneles. Pero a algunos les gusta encontrar una casa donde quedarse. También hay duendes que se instalan en minas o barcos. Si la tripulación los mantiene contentos, los duendes protegerán el barco.

ENCONTRAR DUENDES

¿Pueden los duendes hacer mis tareas?

Es más probable que un duende ayude a alguien que sea amable con él.

¡Quizás! Puede que te ayuden si dejas un poco de pan y crema junto a la estufa. Añade mucha mantequilla. Los duendes necesitan comer para trabajar. Los duendes quieren que la gente lista hable bien de ellos. Intenta leer en casa para que un duende pueda espiarte. Así sabrá lo listo que eres.

¿Qué otra cosa podría ser un duende?

En el mundo hay unas 652.000 personas con enanismo.

Algunas personas nacen con **enanismo**. Normalmente los duentes son bajitos. Hace mucho tiempo, puede que la gente no conociera la **condición**. Puede que se inventaran ideas sobre lo que podían ser las personas con enanismo. Los mineros también contaban historias sobre duendes. A veces veían cosas extrañas bajo la tierra.

¡MANTÉN TU CURIOSIDAD!

HAZ MÁS PREGUNTAS

¿Qué historias se han contado sobre los duendes?

¿Cómo llaman las distintas culturas a los duendes?

Prueba con una GRAN PREGUNTA:
¿Por qué algunas personas dejan comida u otras cosas para los duendes?

BUSCA LAS RESPUESTAS

Busca en el catálogo de la biblioteca o en el internet.
Pueden ayudarte tus padres, un bibliotecario o un maestro.

Usar palabras clave
Busca la lupa.

Las palabras clave son las palabras más importantes de tu pregunta.

?

Si quieres saber sobre:
- los duendes en los cuentos de hadas, escribe: DUENDES EN CUENTOS DE HADAS
- los duendes en otras culturas, escribe: LOS DUENDES EN OTRAS CULTURAS

GLOSARIO

astuto Actuar de forma lista para engañar a la gente.

condición Un estado de forma.

demonio Un espíritu que quiere hacer daño a la gente.

enanismo Una condición en la que la gente o los animales son mucho más pequeños que la media.

malvado Algo o alguien malo o cruel que quiere hacer daño a los demás.

prueba Hechos o evidencia que demuestran que algo es cierto.

trasgo Una pequeña criatura con poderes mágicos a la que le gusta gastar bromas.

ÍNDICE

armas, 10
casas, 10, 13, 17, 19
enanismo, 20
hadas, 4
poderes, 7, 10
tareas, 13, 18
trasgos, 4, 7, 15, 21
trucos, 4, 10, 14

Acerca de la autora

Gina Kammer creció escribiendo e ilustrando sus propias historias. Ahora enseña a otros a escribir historias en inkybookwyrm.com. Le gusta leer literatura fantástica y medieval. También le gusta viajar, pintar al óleo, el tiro con arco y acurrucar a su conejito gruñón. Vive en Minnesota.